Humanitarian Marketing Program.
Comprar y sin gastar de más, donar

Global Solidarity concentra los Programas de Afiliados y redirecciona el 5% de las comisiones por ventas Online

ÍNDICE

¿PODEMOS CAMBIAR AL MUNDO?

Lo hacemos todo el tiempo, pero no pensamos lo suficiente acerca del poder que tienen cada uno, de nuestros aparentemente insignificantes actos diarios, al sumarse colectivamente.

Por el solo hecho de encontrarnos vivos, contribuimos a que el mundo sea diferente. Así sea en una ínfima proporción y potencia, la realidad de nuestra presencia modifica el total de formas, contenidos y energías del entorno que nos rodea. No se trata de un hecho espiritual, sino puramente físico y mensurable. Toda acción humana inevitablemente interacciona con el total de la realidad externa, en la misma medida y proporción de su propia escala e intensidad.

Entonces, cada uno de nosotros posee poder para cambiar el mundo. Sea este poder limitado o casi ilimitado, la cuestión es que lo tenemos. Ahora, si lo sabemos usar y si lo queremos usar, es un aspecto diferente.

Cuando el pensamiento racional madura y los niños se convierten en adolescentes y en adultos jóvenes, perciben que el orden existente en el mundo que los rodea no es perfecto, no es equilibrado y carece de estabilidad predecible permanente. El mundo que la sociedad humana crea, es un mundo perfectible, reorganizable, moldeable a todos los efectos.

Si queremos y si sabemos cómo hacerlo, podemos contribuir positivamente en la mejora del estado de cosas sobre el mundo. Esto se debe a que nuestra realidad socioeconómica es flexible y adaptable.

También de joven se percibe que el mundo ya posee una lógica previa de organización, determinada por una alta inercia de muy difícil transformación o anulación. Esta lógica está basada en las transacciones interesadas bajo el patrón dinerario. El problema interno, del sistema que obedecemos, son los efectos negativos y distorsivos de la cuantificación incontrolada. Para explicarlo en forma simple: digamos que alguien descubre que talando árboles se pueden añadir nuevas tierras de cultivo. Al principio, esto es visto como un progreso, porque la nueva situación brinda nuevos beneficios acumulativos. Otros ven estos mayores beneficios y deciden entonces hacer lo mismo. Cuando suficiente cantidad de individuos repiten las mismas acciones, la relación beneficios-costos, tiende a invertirse y así, los costos totales finales superan a los beneficios. Por ejemplo, la población acaba destruyendo todo el bosque y el medio ambiente cambia, el clima se altera y las cosechas ya no son tan buenas, el rinde disminuye y los beneficios ya no superan la sumatoria de los costos integrados. ¿Qué pasó en realidad? La multiplicación excesiva de la misma acción, aumentó significativamente los pequeños costos negativos iniciales, hasta el extremo de convertir en inviable la ecuación de beneficios de partida. O sea, no por hacer más y mejor una misma cosa, obtendremos siempre una acumulación constante de beneficios positivos.

Este efecto cuantitativo indeseable sobre el crecimiento acumulativo de los efectos negativos del sistema, es lo que estamos todos los seres humanos ahora percibiendo sobre el mismo mundo que habitamos. Primero, nuestra población en sólo 2 siglos se multiplicó por 10, mientras que nuestra capacidad de trabajo o de procesar los recursos naturales se multiplicó por factor de 1.000 a 10.000, al hacer uso intensivo de las máquinas y la tecnología. Como resultado de esto, estamos alterando el clima mundial, nos están empezando a faltar alimentos y agua potable, junto a una curva peligrosamente explosiva de crecimiento de la criminalidad o violencia en todas las ciudades que sobrepasan el millón de habitantes. ¿Por qué? Nuevamente estamos frente a fenómenos determinados por la lógica de procesos cuantitativos, que se convierten en incontrolables bajo la presión de la demanda siempre insatisfecha, de una superpoblación en constante crecimiento.

Es una progresión que sabemos acabará muy, pero muy mal. ¿Qué podemos hacer para prevenir males mayores? **¡Cambiar al mundo!** Pero ¿cómo? Cambiando nuestros hábitos diarios, entre casi todos, al mismo tiempo.

Los problemas del mundo son problemas de números. La base es siempre económica y no política. Hay una antigua discusión sobre si la política determina a la economía o viceversa. La respuesta es que, mientras el sistema económico no cambie en esencia, toda iniciativa política redundará en cambios aparentes y lo que realmente hará es malgastar recursos que no podrán luego, ser fácilmente acumulables para un segundo intento.

Resolver los crecientes conflictos del mundo, que se han disparado en estampida, no pasa por el factor político, sino por resolver y equilibrar una ecuación integral de todos los recursos económicos disponibles.

Todos nuestros actos sumados, se traducen en activad económica. Cada acción ejecutada implica un gasto, un consumo. Del otro lado de la cadena esto permite sostener empleos y empresas, un sistema de producción flexible adaptado a la demanda constante. Pero, la demanda constante, no es otra cosa que nuestros hábitos diarios. Si estos llegaran a cambiar de un día para el otro, toda la estructura superior dependiente también se verá obligada a cambiar y adaptarse, o desaparecer. **Así de simple.**

Si bien esto es una simplificación grosera, repasemos el cuadro de situación. Primero, tenemos que la cuantificación causa desorden en el cuerpo social mundial al multiplicarse fuerzas negativas o efectos negativos acumulados, resultantes de todos los procesos que realizamos y en los que intervenimos. Segundo, todas nuestras acciones son movimientos económicos objetivos y mensurables, que crean niveles de organización de escala creciente. Tercero, toda la ecuación económica mundial depende de la continuidad de nuestros hábitos diarios, siendo esta la razón principal para la existencia de la publicidad de los mercados y la propaganda política.

O sea, toda la superestructura de la civilización humana colectiva, depende de lo más simple y elemental, **nuestros hábitos diarios.** No es necesario que salgamos a las calles y a las plazas públicas demandando que se produzcan los cambios deseados, basta que dejemos de consumir o consumamos en forma selectiva y diferencial, para hacer aparecer o desaparecer un determinado estado de cosas sobre el mundo que habitamos. Por el momento, mientras se mantenga la actual relación capital-trabajo, poseemos este poder total. Pero, no hemos aprendido a ser lo suficientemente listos para usarlo y aplicarlo en forma colectiva cooperativa, sincronizada y coordinada. Y más elemental todavía, no hemos tenido, no hemos sentido y no hemos pensado que exista razón suficiente para hacerlo todavía.

¿Y cuál es esta razón ahora? El Hambre Mundial y el Calentamiento-Inundación Global. Si no hacemos lo suficiente para frenarlos y revertirlos, más tarde o más temprano nos veremos directamente involucrados con estas dos crecientes inercias negativas, que amenazan el futuro de nuestro mundo. ¿Por qué? Porque al sumarse e interactuar entre ambas, no sólo se aceleran más rápido, sino que crean condiciones suficientes para el surgimiento de nuevos factores de desorden, como por ejemplo una 3° Guerra Termonuclear, cuando los alimentos y el agua potable escaseen lo suficiente y necesario, para hacer perder la razón a los líderes mundiales claves.

Con las limitaciones a las que estamos sujetos todos nosotros, seres humanos ordinarios, ¿qué podemos hacer para evitar lo peor y hacer posible lo mejor? Algo bien simple, ayudar y cooperar en traer al mundo el **Humanitarian Marketing Program.** ¿De qué se trata? De una corrección automática sobre los efectos negativos en los procesos de acumulación del capital. Básicamente, consiste en la concentración de un porcentaje de los beneficios fijos del sistema, y en su aplicación para la financiación del desarrollo de soluciones integrales. Por ejemplo, si un porcentaje fijo pudiera ser extraído del Comercio Mundial, esto permitiría contar con los recursos económicos suficientes para combatir el Hambre Mundial y el Calentamiento-Inundación Global, así como otras amenazas en ciernes. Tales soluciones requieren ecuaciones económicas sostenibles que resuelvan los costos fijos involucrados.

Por el momento, ningún país ni organización quiere ceder recursos para dar solución definitiva a los problemas mundiales. El mundo se ha globalizado, todas las naciones se sientan a la mesa para comer de los beneficios, pero nadie luego quiere lavar los platos sucios. Es una conducta insostenible en el mediano y largo plazo. Un acto de irresponsabilidad. Todos contribuimos a crear los problemas que sufre el mundo y, en la misma proporción y medida, todos debemos contribuir a corregirlos. La globalización del planeta necesariamente implica una reducción de las libertades y soberanías nacionales. Debemos comprender esto, a riesgo de soportar graves pérdidas futuras, como consecuencia de los problemas mundiales comunes agravados.

HUMANITARIAN MARKETING PROGRAM

¿Es posible hacer negocios digitales globales y, al mismo tiempo, recaudar fondos en beneficio de obras humanitarias? Con buena voluntad y Dios mediante, todo es realmente posible.

Humanitarian Marketing Program reutiliza y redirecciona el funcionamiento de los Programas de Avisadores y Marketing de Web Sites Asociados ya existentes.

Mediante un clic en las páginas de **Global Solidarity** y una compra on line, el 80 % del porcentaje correspondiente a ésa venta es girado automáticamente a una cuenta electrónica directa, a favor de UNICEF u otra organización humanitaria.

Una estrategia tan simple y eficiente, que permite grandes concentraciones de porcentajes por ventas en internet, en forma intensiva, progresiva y global, para ser donados a obras humanitarias urgentes.

Se complementa el **Humanitarian Marketing Program** con la Rueda de E-Mails Solidarios y redes sociales, que permiten una cadena de acciones mundiales que ayudan a difundir esta iniciativa, y crea fuertes lazos de amistad y responsabilidades solidarias globales conjuntas, entre las personas de una misma nación y entre distintos países, alcanzando a unir a personas de una misma ciudad, nación y del mundo en general. Unidos todos, por la causa del Bienestar Común de la Humanidad y con la misión de ayudar económicamente a personas y sobre todo infancia y niñez en alto riesgo, por enfermedades, hambre, desocupación y guerras.

Ayudar sin costo alguno, es la solución que permite el **Humanitarian Marketing Program**. O sea: usted compra online en internet, dentro de las páginas asociadas al sistema de **Global Solidarity**, paga lo mismo que en cualquiera de éstas más de 1.500 tiendas virtuales adheridas iniciales y que colaboran con el sistema y, el 80 % de la comisión por esa venta, automáticamente es girado a la cuenta electrónica de una organización humanitaria, de su libre elección. El 20% restante cubre costos operativos y de desarrollo interno del programa.

Es decir, usted por cada compra que realiza online, automáticamente ayuda en forma económica, para salvar una vida humana en alto riesgo, en cualquier parte del planeta. **Y sin gastar ni un centavo de dólar de más**. Al fijarse el nuevo hábito de realizar sus compras mediante el sitio de **Global Solidarity** usted dona un porcentaje fijo de su compra en beneficio del prójimo. Y repitamos, esta acción no le incrementa el precio final y total de su compra. El porcentaje lo asigna la tienda virtual en beneficio de **Global Solidarity** en concepto de promover sus ventas.

Súmese a esta iniciativa de la Solidaridad Global, ayudando a difundir entre sus familiares, amigos y contactos esta buena idea.

¿Qué mejor buena noticia que ayudar sin costo alguno, solamente haciendo clic y realizando sus compras online, en las tiendas virtuales adheridas a **Global Solidarity**? Y así ayudar, sin pagar un solo centavo de más, al resto de la Humanidad en riesgo.

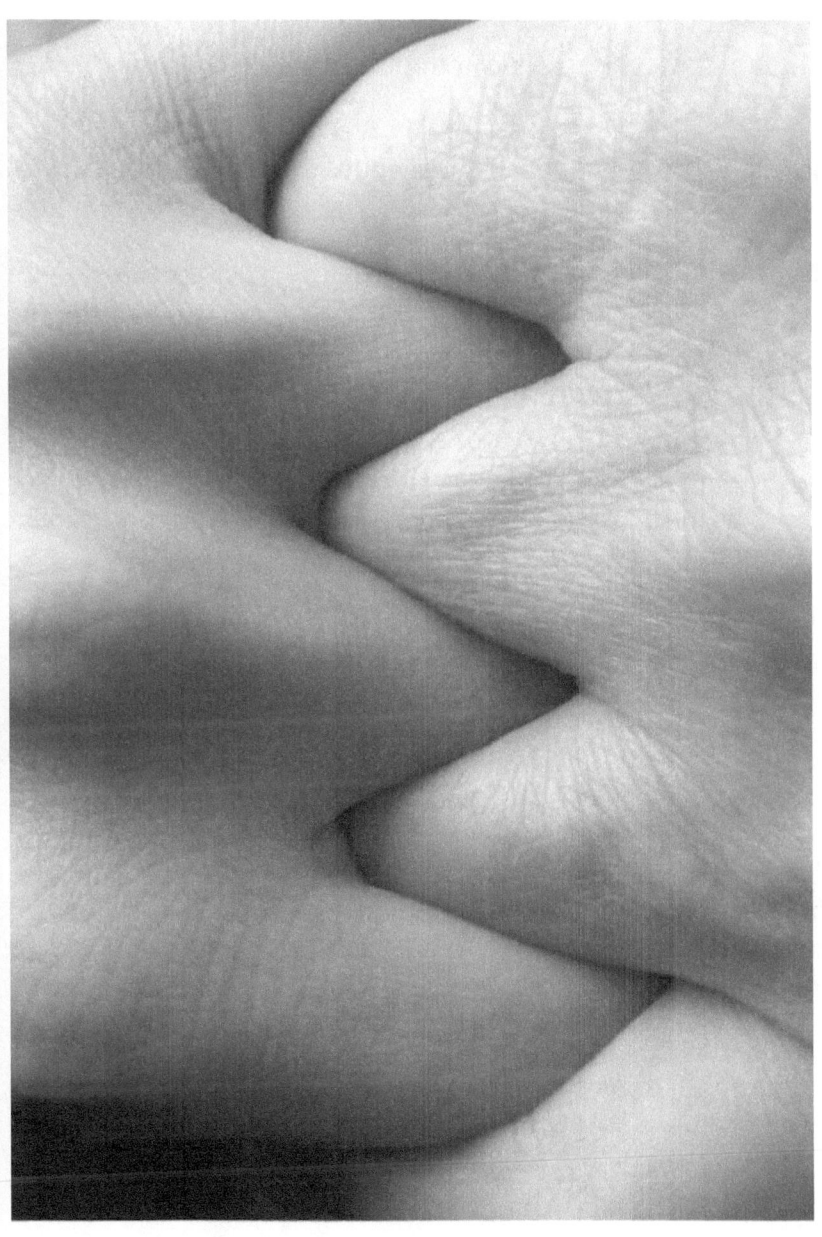

BUY AND HELP

Si todos los habitantes del planeta Tierra realizáramos acciones solidarias correctas en forma diaria y constante, casi todos los problemas del mundo tendrían solución y, en su mayoría, ya estarían felizmente superados.

La verdad, es que no es fácil adoptar el hábito de dar y ayudar al prójimo.

Ahora bien: ¿qué sucede cuando se puede ser solidario sin costo extra alguno?

Entonces, las personas pueden adquirir conciencia solidaria colectiva respecto al sentido de sus acciones, tanto correctas como incorrectas, y aprender a cooperar en el desarrollo de acciones solidarias constantes y en conjunto.

Hoy, el mundo se ha achicado por efecto de la globalización. El modelo anterior de la competencia ya no es útil. La respuesta correcta es reemplazarlo por cooperación por redes sociales intercooperativas.

Global Solidarity permite el modelo de acciones solidarias sin costo alguno para todo usuario y comprador online de internet. Simplemente, al visitar el web site de **Global Solidarity** y seleccionar una tienda online para sus compras navideñas o de todo el año, cada usuario colabora con alguna organización humanitaria de su elección y que figure dentro del sistema. El 100% de la comisión correspondiente, a esa compra online, es automáticamente acreditado en una cuenta electrónica directa a favor de la organización humanitaria local, nacional o internacional de su elección y que esté registrada en **Global Solidarity**.

Mediante la colaboración inteligentemente solidaria, entre empresas y usuarios de internet, se ejercen los mutuos controles necesarios para el seguimiento de cada centavo de dólar. Y, así, el movimiento de fondos puede ser rápidamente visualizado y monitoreado, ejecutándose un control público eficaz en la misma internet.

Este contralor público puede comenzar desde el instante mismo de la compra online, la acreditación del porcentaje de comisión por venta concretada y, el destino final que tiene ése dinero resultante al llegar a cada organización humanitaria. Con la obligación, de esta última, de publicar online los detalles pormenorizados sobre los dineros recibidos y posteriormente gastados, según un listado de prioridades.

Combinadas entre sí estas acciones del conjunto, se adquieren responsabilidades compartidas respecto a los fondos que se recaudan y, las organizaciones empresariales y usuarios de internet, desarrollan una mayor conciencia solidaria global y colectiva.

Comprar y ayudar automáticamente online sin gastar de más, es hoy posible mediante la tecnología digital. Una idea simple que permite grandes resultados.

La idea es simple hasta el límite de lo absurdo, pero los efectos implicados son verdaderamente asombrosos. Si cualquiera de nosotros conoce que mediante nuestras libres compras en internet, podemos simultáneamente beneficiar a un tercero, como por ejemplo un niño hambriento, que puede morir, por faltarle en ese mismo momento un plato de comida, se genera en nuestra conciencia un conflicto interno al no hacerlo. En los hechos nos convertimos en homicidas por omisión. Si ese niño anónimo y desconocido muere en la misma fecha, habrá sido bajo nuestra entera responsabilidad, no delegable hacia un tercero. ¿Por qué? Porque el sistema de **Global Solidarity** no recarga los precios por cada compra. Si deseamos hacer una compra en la tienda virtual de Wal-mart y no lo hacemos mediante **Global Solidarity**, la comisión por venta no se generará y así nuestro aporte para detener el Hambre Mundial y socorrer a la Niñez en Riesgo, nunca se producirá ni llegará a destino. Nuestra omisión adquiere la proporción de un acto de responsabilidad criminal, debido a que voluntariamente nos negamos a darle gratuitamente, o sea sin costo directo para nuestros bolsillos, un plato de comida a un niño hambriento. ¿Qué hicimos al no participar del sistema? Matamos un niño inocente. Lo ejecutamos impiadosamente.

En números, si las comisiones que se generan equivalen en promedio al 5%, y disponemos de ingresos mensuales por la suma de U$S 1.000, nuestro aporte de Responsabilidad Solidaria Eficaz, significarán U$S 50 de donativos al mes. Si decimos que un plato de comida tiene un costo mínimo de U$S 1, los 50 dólares voluntariamente aportados y sin costo directo ni extra para nuestros bolsillos, se traducen en salvar la vida a casi 2 niños por año. O sea, nuestro hábito de compra determina que dos vidas humanas puedan continuar mañana sobre el mundo. ¿No es esto, fundamentalmente importante, trascendentalmente importante?

Y si esto, lo calculamos a razón de la población total en los Estados Unidos, podemos decir que 500 millones de niños, podrán ser salvados de morir atrozmente de hambre, cada año.

Veamos entonces, el sorprendente efecto acumulado que tiene un simple acto, transformado en hábito diario y sumado a una simple buena idea. Y atención, si hacemos los números, suponiendo una expansión máxima que el sistema admite, el total anual recaudado, mediante la ecuación de la Responsabilidad Solidaria Automática, totaliza en promedio U$S 180 mil millones por año, sólo en Estados Unidos. Cuando en un futuro cercano las tiendas digitales se expandan lo suficiente y el hábito de compras por internet iguale o supere a las compras físicas en efectivo.

Para el 2020 las ventas minoristas online se calculan en 4 billones de dólares en el mundo. Las compras solidarias permiten captar el 5%, es decir el equivalente a 200 mil millones de dólares por año. Una recaudación que se irá incrementando junto al negocio electrónico.

UNITE FOR HUMAN SOLIDARITY

¿Usted dispone de algunos minutos libres por día, frente al monitor de su PC? En caso afirmativo, le ofrecemos la opción de convertirse en un colaborador ad honorem de nuestro

Humanitarian Marketing Program y, poder realizar así, acciones solidarias globales en beneficio de causas humanitarias.

La tarea consiste, simplemente, en el reenvío de e-mails a contactos y empresas, para ayudar a difundir esta buena idea de la Ayuda Solidaria Automática mediante las compras online.

En la medida que las acciones de Global Solidarity se expandan y perfeccionen, surgirán más y más alternativas de tareas solidarias por realizarse. De esta forma, usted y mediante unos pocos minutos de su importante tiempo diario, puede colaborar para ayudar al resto de la Humanidad en riesgo.

Si usted posee algún talento especial, como conocimiento de idiomas, software, programación en Php, Unix, MSQL, diseño web, marketing, turismo, management, reingeniería de procesos, arquitectura y otras especialidades, haga contacto, entre todos podemos ayudar y cooperar en hacer un mundo más justo y feliz para todos.

OUR MISSION AND OBJECTIVES

1. Recaudar fondos mediante el cobro automático de comisiones por ventas dentro del libre e-commerce global, acreditar estos mismos fondos, también en forma automática, a favor de UNICEF y otras organizaciones humanitarias.

2. Coordinar campañas solidarias online con terceras organizaciones humanitarias, brindando servicios gratuitos, para sumar así acciones combinadas que promuevan el Bienestar Común de la Humanidad

3. Publicar online información y buenas noticias sobre las acciones solidarias y desinteresadas que se realizan en distintos puntos del planeta, por parte de las organizaciones no gubernamentales (ONGs) y las estatales.

4. Promover el desarrollo del software en beneficio de sistemas nerviosos digitales que permitan un mayor control público sobre movimientos de fondos y sus aplicaciones finales; así como una mayor organización de toda la información y servicios web de toda internet, todavía en una etapa pre-evolucionada. De modo que las herramientas informáticas digitales se desarrollen favoreciendo la libertad física, mental y espiritual de todos los ciudadanos del mundo.

5. Crear y organizar comunidades solidarias virtuales que favorezcan acciones solidarias correctas en forma local, regional, nacional e internacional; así como la búsqueda y desarrollo de nuevas fuentes de trabajo dentro del sistema informático digital en constante evolución.

ESTRATEGIC POINTS AND FINANCE

1- Existen en internet programas de canales de anunciantes para marketing de web sites asociados. Estos últimos, son web sites que insertan la publicidad de los primeros. El beneficio, consiste en un porcentaje por ventas, que varía del 5 al 50%, y es pagado en el caso que el usuario de internet al hacer clic sobre el anuncio, llegue al sitio de destino y realice una compra on line. Las empresas que brindan este servicio en línea, hacen el seguimiento automático de éste link de usuario y lo identifican, cuando el mismo usuario realiza la compra on line durante la primer visita al sitio del anunciante o en una posterior, la compra queda registrada y se efectúa también en forma automática la acreditación del porcentaje.

2- La estrategia de **Global Solidarity** consiste en lo que se denomina aquí: **Programa de Marketing Humanitario**, el cual permite la concentración de más de 1.500 portales internacionales y nacionales, expertos en ventas mediante internet. Y, simplemente derivar todos los porcentajes por comisiones de ventas a programas de ayuda humanitaria, iniciando la actividad en beneficio de **UNICEF**. Posteriormente, podrán añadirse otras organizaciones de bien público, como **CARITAS** o **Cruz Roja Internacional**, bajo los subdominios respectivos (redcross.globalsolidarity, etc.).

3- Toda empresa, a nivel mundial, puede participar de esta iniciativa humanitaria, como sponsor fundador del sistema, destinando un abono de U$S 100 mensual y figurar con un logo de marca y link respectivo en la home de **Global Solidarity**. Un tercio de esta suma es aplicado en donativo a favor de **UNICEF**, un tercio en publicidad dentro del sistema de **Adsense** de **Google y en MSN** y el tercio final, a cubrir costos de personal, desarrollo y mantenimiento del sitio; así como la creación de una fundación: la **Global Solidarity**, para atender la misión de esta función de ayuda humanitaria económica. Todos los movimientos de fondos, asimismo, son publicados online, para su completo control público. Otra forma de ayudar por parte de las empresas es contratando servicios de hosting a razón de U$S 6,90, la diferencia del costo colabora para recaudar fondos para financiar el sistema. La otra alternativa de participación de las empresas, es registrándose en los programas de anunciantes para marketing de afiliados, dentro de las empresas interasociadas a **Global Solidarity**. Por éste medio, el porcentaje de comisiones destinado a los programas de web sites asociados, es totalmente donado a organizaciones humanitarias.

4- Cada empresa que participa en los programas de canales de anunciantes para marketing de web sites asociados, puede realizar campañas de ayuda específica, destinando el mismo porcentaje de beneficio por ventas a **UNICEF** u otra organización de ayuda humanitaria internacional o nacional. El modo de hacerlo es mediante el anuncio en una página dedicada, dentro de su web site, que podrá ser la página home u otra secundaria, según la recomendación técnica de las empresas que dan el servicio de canales de anunciantes. La empresa solidaria, podrá entonces solicitar el añadido de esta página dentro de **Global Solidarity**, con su subdominio propio, **empresa.globalsolidarity**, colaborando así para concentrar la oferta de servicios humanitarios en el sistema. Y, podrá realizar su propia campaña de promoción, utilizando **Adsense** de **Google** y **cadenas solidarias de e-mails**. La empresa no pierde un centavo, lo que hace es destinar en una cuenta electrónica abierta y pública, a favor de una organización humanitaria, el mismo porcentaje que ya concedía a los programas de web sites asociados. Y, la colaboración con **Global Solidarity**, para insertar esta página especial de compras para ayuda humanitaria, permite el beneficio de la promoción conjunta de todo el sistema, lo cual también la beneficia para promocionarse. En primera instancia, más de 1.500 empresas nacionales e internacionales, expertas en ventas online, libremente se suman a esta alternativa de concentración de las comisiones de ventas a favor de obras humanitarias esenciales. También y como tercera alternativa, las empresas con web sites podrán insertar anuncios de **Global Solidarity,** recibiendo el beneficio de hasta el 20% de lo obtenido por comisiones de ventas. Y tendrá la libre elección de donarlo a la organización humanitaria de su elección, figurando en el listado público online de empresas solidarias, dentro del sistema de **Global Solidarity**.

5- Un índice general, dentro del sistema de **Global Solidarity** permite seleccionar las empresas de compras online: por país, ciudad y rubro. En el caso de programas de ayuda destinados a otras organizaciones, también un índice agrupa a todos los web sites que destinan comisiones a cuentas electrónicas directas para estas entidades, como ser **redcross.GlobalSolidarity**, **CARITAS.GLOBALSOLIDARITY**, etc. Asimismo, mediante el programa de empresas solidarias sponsors del sistema, se financia el costo de personal mínimo para la conversión de todo el sistema, favoreciendo a organizaciones humanitarias. Esto permite que, siguiendo el mayor interés de estas mismas organizaciones, sus socios y afiliados participen en programas de promoción y difusión de las direcciones de subdominios propios, mediante campañas de publicidad y

cadenas solidarias de e-mails, a los fines de recaudar el máximo de fondos por porcentajes de ventas online.

6-   El efecto acumulativo de la promoción y publicidad solidaria permiten la **concentración de usuarios hacia Global Solidarity** y la **intensificación de los Programas de Canales de Anunciantes**. Más y más web sites dedicados a ventas online, se verán tentados a participar del **Programa de Marketing Humanitario de Global Solidarity**. Esto crea el efecto de una concentración progresiva de las comisiones por ventas, y así las ventas mediante internet alcanzan una maduración de acciones solidarias combinadas. Y, pueden obtenerse **importantes fondos para programas de ayuda humanitaria a nivel mundial.**

7-   Mediante la solicitud de colaboración solidaria a empresas como **Microsoft, Yahoo y Google**, pueden realizarse dos objetivos. El primero, es el promocional publicitario, dado que estas empresas pueden sin costo alguno propio insertar publicidad de **Global Solidarity** en sus buscadores. De esta forma, pueden participar en la **aceleración del libre e-commerce mundial** y, sobre todo, **colaborar con programas de ayuda humanitaria**. El segundo objetivo: es el **desarrollo de un software aplicado** que permita que cada usuario de internet, al realizar su compra, pueda al instante siguiente **verificar que la comisión ha sido electrónicamente acreditada a la cuenta en favor de UNICEF** o de otra organización humanitaria de su elección. Y, posteriormente, tanto **UNICEF** como otra entidad que haya recibido éste beneficio, deberá publicar online el destino de cada centavo de dólar obtenido. De esta forma, **todos adquieren transparencia y responsabilidades compartidas en las operaciones solidarias online** y, los ciudadanos del mundo, reciben información precisa acerca de los destinos y eficiencia en la forma en que se invierten los fondos humanitarios recaudados. Obtener estos dos objetivos, depende de la real buena voluntad de empresas de primer nivel, como las mencionadas, que estén realmente comprometidas con el **Bienestar Común de la Humanidad**.

8-   Desde su inicio **Global Solidarity** asegura la transparencia de su sistema mediante la acreditación de todas las comisiones por ventas online a **una cuenta electrónica** directa a favor de **UNICEF**, con cada una de las empresas prestadoras del servicio de Programas de Canales de Anunciantes y de Marketing de Web Sites Asociados. Estas empresas colaboran así en el cumplimiento de los objetivos y en el monitoreo constante de todo el sistema. Pudiendo las mismas publicar online, insertando las páginas respectivas dentro de **Global Solidarity**, toda la información constante sobre los **resúmenes de cuentas**, acerca de los fondos recaudados mediante este sistema de compras online solidarias

9- Mediante **cadenas de e-mails solidarios y redes sociales,** todo ciudadano del mundo podrá sumarse a la iniciativa, simplemente se le pide que colabore reenviando notas de promoción del sitio a sus contactos. Los mensajes están traducidos en principio a los idiomas inglés, portugués y castellano, lo que garantiza una llegada a más de 2.000 millones de habitantes. Todo participante que conozca otro idioma, es invitado a colaborar para realizar la traducción y, así poder llegar con el mensaje a todos los usuarios de internet en el planeta. Como el programa de **Global Solidarity** es totalmente transparente online, se asegura la fidelidad con los objetivos. Asimismo, todo participante de las cadenas de e-mails solidarios podrá registrarse como colaborador voluntario o candidato para un empleo online, en caso que el programa de empresas sponsors fundadoras obtenga los dineros necesarios para intensificar y expandir la actividad.

10- Usted y su compañía podrán figurar entre las primeras empresas cofundadoras del sistema de **Global Solidarity**. Apareciendo en la home del site con logo de marca y link hacia su web site respectivo, así como en la historia fundacional, pública y online del sistema. Al mismo tiempo de obtener promoción internacional intensiva y permanente, tendrá el beneficio de excelentes relaciones públicas con más de 1.500 portales de alcance nacional e internacional dedicados a ventas online, en todos los rubros. Y, como difusión a nivel nacional e internacional, el anuncio del lanzamiento del sistema en el país origen de la empresa sponsor cofundadora, que se constituye en el **Primer Sitio Internacional Solidario**, con el Primer **Programa de Marketing Humanitario** aplicado específicamente en internet. Este anuncio, dada su relevancia, garantiza difusión en medios nacionales e internacionales. Con sólo **100 empresas Sponsors Founders**, el **Humanitarian Marketing Program** de **Global Solidarity** puede funcionar correctamente. Usted puede ayudar a obtener rápidamente éste objetivo, comunicando la idea a sus empresas asociadas y proveedoras, para que también participen de esta iniciativa para **hacer girar la Rueda de la Solidaridad Global.** Internet elimina la intermediación en la relación empresa-producto-consumidor *¿qué mejor idea, que concentrar todas las comisiones por ventas on line y donar estos fondos para obras humanitarias?* Los programas de anunciantes hoy permiten la lógica de esta simple estrategia. Esto crea un horizonte de recursos de capital acumulativo que podrá direccionarse hacia la Humanidad en riesgo, sobre todo la Infancia y la Niñez desamparadas. Es una forma práctica, eficaz y automática para hacer Girar la Rueda de la Solidaridad Global. La fórmula del éxito para esta misión, es absolutamente simple: *"compre online, no pague un centavo de más y ayude automáticamente a salvar una vida humana en riesgo".*

INICIATIVA PRIVADA

Global Solidarity es una iniciativa privada sin fines de lucro, creada a partir del esfuerzo de unas pocas personas. Depende para su positivo desarrollo de la clara visión y comprensión internacional de su misión y objetivos. Como idea y ecuación económica universal, es de muy simple aplicación: poner a disposición de los individuos, en todo el planeta, un instrumento digital eficaz en internet, mediante el cual ejercitar la responsabilidad solidaria en forma diaria, incorporando este hábito y conciencia a sus rutinas vitales de vida.

Para esto, se requiere alta organización y acciones públicas online que permitan libres y mutuos controles, eliminando toda duda respecto a los objetivos, medios e intenciones. Se invita a toda persona de buena voluntad, con solidaridad interesada en trabajar juntos por un mundo mejor, más seguro, más pacífico, sin violencias, sin injusticia y más humano para todos, participando en alguno de los programas activos de **Global**

Solidarity.

Es ahora! muy necesario que todos los que tienen poder de decisión sobre los bienes y vidas de terceros, puedan comprender y aceptar que, sin un aumento significativo de escala mundial de la Responsabilidad Solidaria Cooperativa sobre nuestro planeta, en forma masiva y colectiva, las oportunidades de dar solución a la situación de emergencia causada por la Superpoblación Explosiva como verdadera causa central y al Calentamiento - Inundación Global como efecto, disminuyen geométricamente con cada día de dudas y demoras.

Para enfrentar problemas de escala planetaria es necesario desarrollar **Conciencia Unificada de Acción Planetaria.**

Mientras se destinaron U\$S 9,512 billones, para intentar sellar agujeros negros financieros originados en los créditos tóxicos, mil millones de seres humanos sobre el mundo padecen ahora! hambre y desamparo. Esto es un autismo total y deuda moral muy real para el resto de la Humanidad. Todos debemos ayudar a corregir esta asimetría endémica entre los más ricos y los más pobres... No!, no se trata de comunismo, se trata de **Responsabilidad Solidaria Humanitaria.**

Con solo U\$S 1 por día, un niño del mundo se salva de morir de hambre hoy. Entonces, se necesitan U\$S 30 mil millones / año para no dejar morir de hambre y en la indignante miseria total a casi mil millones de seres humanos, nuestros hermanos. Se necesita entonces menos del 1% del PBI mundial.

Para detener el Calentamiento - Inundación Global se requiere plantar no menos de 30 mil millones de árboles por año en lo inmediato y proceder luego a enterrar los troncos, para devolver el CO_2 excedente y libre en nuestra atmósfera, al subsuelo. Se necesita menos del 1% del PBI mundial.

Con menos del 2% del PBI mundial se puede salvar al mundo de la doble tragedia de morir de hambre hoy o morir mañana por los efectos pronosticados científicamente del Calentamiento - Inundación Global.

Esto ahora!, no se está haciendo.

¿Qué podemos todos, ahora!, hacer sin afectar las economías internacionales y nacionales? El **Humanitarian Marketing Program** es la respuesta correcta. El sistema permite que todos puedan hacer sus compras online mediante internet y automáticamente generar una comisión por compra que se destina a UNICEF y otras organizaciones humanitarias y al programa de plantación de árboles. Y, todo, **sin gastar medio centavo de dólar en cada nueva compra.**

ENSEÑANZAS DE LA MADRE TERESA DE CALCUTA:

"Somos pequeños instrumentos, pero muchos pequeños instrumentos en las manos de Dios pueden hacer milagros".

"La santidad no es un privilegio para algunos, sino una obligación para todos, "para usted y para mí".

"No cierren las puertas a los pobres; porque los pobres, los apestados, los caídos en la vida, son como el mismo Jesús".

"El aborto es un homicidio en el vientre de la madre. Una criatura es un regalo de Dios. Si no quieren a los niños, dénmelos a mí".

"Si no se vive para los demás, la vida carece de sentido".

"La revolución del amor comienza con una sonrisa. Sonríe cinco veces al día a quien en realidad no quisieras sonreír. Debes hacerlo por la paz".

"Preferiría cometer errores con gentileza y compasión antes que obrar milagros con descortesía y dureza"

CUÁL ES???

El día más bello: hoy.

La cosa más fácil: equivocarse.

El obstáculo más grande: el miedo.

El error mayor: bajar los brazos.

La raíz de todos los males: el egoísmo.

La distracción más bella: el trabajo.

La peor derrota: el desaliento.

Los mejores profesores: los niños.

La primera necesidad: comunicarse.

Lo que hace más feliz: ser útil a los demás.

El misterio más grande: la muerte.

El peor defecto: el malhumor.

La persona más peligrosa: la mentirosa.

El sentimiento más ruin: el rencor.

El regalo más bello: el perdón.

Lo más imprescindible: el hogar.

La ruta más rápida: el camino correcto.

La sensación más grata: la paz interior.

El resguardo más eficaz: la sonrisa.

El mejor remedio: el optimismo.

La mayor satisfacción: el deber cumplido.

La fuerza más potente del mundo: la fe.

Las personas más necesarias: los padres.

La cosa más bella de todas: el AMOR.

ENSEÑANZAS DE MARTIN LUTHER KING:

Si supiera que el mundo se acaba mañana, yo, hoy todavía, plantaría un árbol.

Si ayudo a una sola persona a tener esperanza, no habré vivido en vano.

Hemos aprendido a volar como los pájaros, a nadar como los peces; pero no hemos aprendido el sencillo arte de vivir como hermanos.

Si el hombre no ha descubierto nada por lo que morir, no es digno de vivir.

Nada que un hombre haga lo envilece más que el permitirse caer tan bajo como para odiar a alguien.

Nuestra generación no se habrá lamentado tanto de los crímenes de los perversos, como del estremecedor silencio de los bondadosos.

Una nación que gasta más dinero en armamento militar que en programas sociales se acerca a la muerte espiritual.

Nada en el mundo es más peligroso que la ignorancia sincera y la estupidez concienzuda.

ENSEÑANZAS DE JOHN F. KENNEDY:

Si una sociedad libre no puede ayudar a sus muchos pobres, tampoco podrá salvar a sus pocos ricos.

El éxito tiene muchos padres, pero el fracaso es huérfano.

Un hombre inteligente es aquel que sabe ser tan inteligente como para contratar gente más inteligente que él.

La democracia es una forma superior de gobierno, porque se basa en el respeto del hombre como ser racional.

La dificultad es una excusa que la historia nunca acepta."

La libertad política es la condición previa del desarrollo económico y del cambio social.

La grandeza de un hombre está en relación directa a la evidencia de su fuerza moral.

Los que hacen imposible una evolución pacífica, harán inevitable una revolución violenta.

Jamás negociemos con miedo, pero jamás temamos negociar.

Perdona a tus enemigos, pero jamás olvides su nombre.

No te preguntes qué puede hacer tu país por ti, pregúntate que puedes hacer tú por tu país.

ENSEÑANZAS DE JUAN PABLO II:

El respeto a la vida es fundamento de cualquier otro derecho, incluidos los de la libertad.

La guerra es siempre una derrota de la humanidad.

La peor prisión es un corazón cerrado.

Dios es un Padre que busca por todos los medios hacer felices a sus propios hijos.

Amar es lo contrario de utilizar.

La democracia necesita de la virtud, si no quiere ir contra todo lo que pretende defender y estimular.

Solamente la libertad que se somete a la Verdad conduce a la persona humana a su verdadero bien. El bien de la persona consiste en estar en la Verdad y en realizar la Verdad.

Los creyentes de todas las religiones, junto con los hombres de buena voluntad, abandonando cualquier forma de intolerancia y discriminación, están llamados a construir la paz.

Me afecta cualquier amenaza contra el hombre, contra la familia y la nación. Amenazas que tienen siempre su origen en nuestra debilidad humana, en la forma superficial de considerar la vida.

ENSEÑANZAS DE BENJAMÍN FRANKLIN:

La peor decisión es la indecisión.

Dime y lo olvido, enséñame y lo recuerdo, involúcrame y lo aprendo.

Las tres cosas más difíciles de esta vida son: guardar un secreto, perdonar un agravio y aprovechar el tiempo.

Cuando me preguntaron sobre algún arma capaz de contrarrestar el poder de la bomba atómica yo sugerí la mejor de todas: La paz.

Einstein

No hay camino para la paz, la paz es el camino.

Ghandi

O caminamos todos juntos hacia la paz, o nunca la encontraremos.

Benjamín Franklin

El que no valora la vida no se la merece.

Leonardo Da Vinci

Lo heroico no es morir, sino vivir bien.

Teresa de Jesús

La esperanza es el sueño del hombre despierto.

Aristóteles

Quisiera dejar el pequeño lugar en que vivo más limpio, más sano, más bello, más justo y más libre.

René Favaloro

Cada criatura, al nacer, nos trae el mensaje de que Dios todavía no pierde la esperanza en los hombres.

Rabindranaht Tagore

Por muy larga que sea la tormenta, el sol siempre vuelve a brillar entre las nubes.

Khalil Gibran

El hombre que no se inclina ante nada, no podrá soportar nunca la carga de sí mismo.

Dostoiewsky

Los milagros no contradicen la naturaleza, sino solamente aquello que conocemos de la naturaleza.

San Agustín

Yo esperaría, así fuese por edades, antes de buscar la libertad de mi país a través del derramamiento de sangre.

Mahatma Gandhi

Todo aquel que tome la espada, perecerá por la espada.

Mateo, 26:52

Mientras más armas de violencia, más miseria en la Humanidad. El triunfo de la violencia termina en un festival de luto.

Lao-Tsé

Que ningún hombre se alabe en esto de que ama a su país; dejad más bien que se alabe en esto; que ama a su especie.

Proverbio persa

Pon un límite a tus deseos por las cosas mundanas y vive contento. Evita todo aquello que te conduzca al bien o al mal en este suelo, toma la copa y juega con los cabellos de tu amada, porque... ¡cuán pronto todo pasa!... ¡cuán pocos días nos quedan!

Rubáiyát de Omar Khayyam –XXXVIII-

No teman, solo crean.

Marcos 5:36

Los buenos pensamientos engendran buenas acciones y los malos pensamientos engendran malas acciones. El odio nunca hace cesar el odio; el amor hace cesar el odio.

Buda

¡Amaos los unos a los otros!

Jesús

COOPERE CON GLOBAL SOLIDARITY

✓ El sistema de Global Solidarity fue creado y diseñado por Roberto Guillermo Gomes. Consiste en un portal en internet, que nuclea cientos y luego, miles de tiendas virtuales. Si usted realiza allí una compra online, automáticamente la comisión asignada por esa venta es girada a una cuenta electrónica a favor de una organización humanitaria como UNICEF u otras.

✓ Tal sistema, puede recaudar fondos anuales por más de 100.000 millones de U$S, sólo en los Estados Unidos, cuando las compras por internet a futuro se conviertan en dominantes sobre el total del mercado. Dineros que podrán ser inmediatamente aplicados en salvar a 1 niño del hambre y plantar 1 árbol para detener el Calentamiento Global. Ambas acciones demandan U$S 1 por día y por persona, que podrán ser deducidos de las compras de cada usuario, sin que se vean incrementados los precios finales de los productos adquiridos.

✓ Debido a que la lógica de Global Solidarity está pensada sobre las comisiones comerciales por promoción de ventas, a través de internet, las recaudaciones no afectan al sistema económico en su normal funcionamiento. Se trata de un donativo que actúa en la forma de una comisión solidaria dedicada a dar solución a los grandes problemas del mundo que requieren de financiación altamente concentrada.

✓ En un mundo gobernado por la codicia y el egoísmo, Global Solidarity permite que cada usuario al no hacer sus compras online mediante el sistema, tenga conciencia que durante ése mismo día 1 niño más sobre el planeta, murió de hambre por falta de su ayuda personal y objetiva y hay un árbol menos para detener la tragedia del Calentamiento Global. El sistema convierte a todos los individuos en directamente responsables por la defensa de las vidas de todos... Porque cada compra realizada mediante Global Solidarity no le cuesta ni un solo centavo más. Se trata sólo de un buen acto de conciencia. Donde negarse a la Compasión sin costo personal, es confirmar la Impiedad en la propia vida y cargar con la cruz de haber causado la muerte de 1 niño más por día y no cooperar para detener el Calentamiento-Inundación Global.

✓ Gomes al diseñar el sistema pensó que lo que el mundo más necesita ahora, inmediatamente, es Compasión. Supo ver que el egoísmo prevalece sobre todos los corazones humanos y todos quieren recibir más de lo que dan. Pero si la práctica de la Compasión puede hacerse sin costo, por dentro de la misma impiedad del sistema de capital y del sistema del libre mercado, existe una oportunidad y una esperanza de cambio positivo colectivo para todos. Así creó el concepto de la Compasión Automática, mediante libres Compras Solidarias a través de internet. Vio que el sistema de poder, tiene más temor del Bien que del Mal y por eso la balanza se encuentra inclinada hacia el lado equivocado sobre el mundo. Pero, si es posible activar, desarrollar y sostener un libre sistema que convierte en responsables directos y no anónimos por las vidas de los más débiles, a todos los más poderosos, el mundo cambiará para mejor.

✓ Diseñó al sistema para que toda organización humanitaria pueda recibir los mismos beneficios en igualdad de condiciones. Así, cada usuario puede elegir si su comisión servirá para ayudar a la misión y objetivos de UNICEF, Cáritas, Cruz Roja o cualquier otra ONG reconocida internacional y/o nacionalmente. Además previó que el sistema puede evolucionar y contar con un sistema de monitoreo digital just in time, para que cualquier persona pueda realizar el seguimiento de lo que hace cada institución beneficiada con cada centavo de dólar. De esta forma, mediante el control público eficaz, todos se verán obligados a optimizar la eficiencia de las inversiones de los recursos en ayudar realmente a mayor número de personas y se evitarán contradicciones como el caso de UNICEF, que gasta en personal y en costo administrativo, el 40% de cada dólar donado para salvar a los niños hambrientos del mundo, según lo denunciado por el anterior secretario general de Naciones Unidas, el señor Kofi Anan.

✓ Pensando que las buenas ideas para "hacer el bien", pueden concentrarse y sumarse entre sí, Gomes invita a la fundación de Wikipedia para colaborar en el desarrollo de Global Solidarity, considerando que el sistema también servirá para recaudar fondos a favor de la mejor enciclopedia pública y gratuita, que ha construido la Humanidad, sin fines de lucro. Y si se comprende el objetivo y otros desean cooperar, tanto la fundación de Bill Gates y su señora esposa, así como la de los ex presidentes Bush y Bill Clinton, como la fundación Al Gore podrán sumarse. Dice "si la solución, la respuesta y el remedio para todos los males actuales y futuros del mundo, es mayor Compasión Responsable y Proactiva, al menos debemos todos, en algún momento, intentar unirnos entre todos y formar el ejército del Bien Desinteresado sobre la Tierra. Hoy estamos en peligro, sea por el Calentamiento Global, el arsenal nuclear, el terrorismo, el hambre mundial, la superpoblación y la limitación de los recursos naturales; pero todas estas amenazas externas no son más que la materalización de todos nuestros egoísmos individuales y nuestra forma insana de pensar y luego actuar. Esto sólo se corrige trayendo más y verdadera Compasión Colectiva sobre el mundo. La segunda venida de Cristo al corazón del mundo, ocurre cuando somos capaces de no abandonar a casi mil millones de nuestros hermanos en las fauces de la muerte atroz por hambre y enfermedades evitables. Global Solidarity es una muy simple ecuación de acumulación económica, diseñada para corregir las deseconomías proyectadas sobre nuestro mundo a partir de la completa impiedad de nuestra forma actual de pensar y actuar. Es una primera acción inteligente en la dirección correcta. No apoyarla es demostrar que no estamos a favor de la Vida".

✓ El sistema tiene como antecedente la Iniciativa 2006/07 de "Portals and Human Union for Stop the Global Warming Now", de la que participaron cientos de empresas de los Estados Unidos y otras partes del mundo, permitiendo esto evolucionar hacia el concepto de Global Solidarity.

✓ En promedio se requieren unos U$S 30.000 para activar Global Solidarity o que personal de la organización Wikipedia, por ejemplo, donen parte de su tiempo libre. El sistema ha sido extremadamente simplificado y al cabo de pocos meses puede ser totalmente automatizado.

✓ Si usted piensa como Gomes, que la Compasión Responsable es la respuesta para el mundo actual, haga un donativo para hacer posible activar Global Solidarity. Los dineros ayudarán para formar una fundación y desarrollar el sistema.

✓ Puede realizar su donativo a la siguiente dirección:

Contacto: yogi.mettatron@gmail.com

¿QUÉ SE NECESITA PARA ACTIVAR GLOBAL SOLIDARITY?

❖ El donativo del espacio de hosting
❖ El donativo de media jornada de dos diseñadores y programadores web durante 6 meses

Por supuesto, no hay garantía de que el sistema funcione, de que las empresas participen y de que los usuarios se habitúen a realizar sus compras a través del sistema. Pero, debemos confiar en el poder de la compasión. Es la fuerza más poderosa del ser humano y la que más necesitamos para evolucionar y enfrentar los problemas que como humanidad hoy padecemos. Todos deseamos ser más compasivos, pero somos egoístas, no queremos perder. El sistema de Global Solidarity está pensado y diseñado para que nadie pierda un centavo de dólar y todos se beneficien, pudiendo recaudar millones de dólares por año. La idea merece la pena ser puesta a prueba.

APOYO DEL EX GOBERNADOR DE CALIFORNIA ARNOLD SCHWARZENEGGER

Respuesta a la Iniciativa internacional 2006/07 de "Portals and Human Union for Stop the Global Warming Now", liderada por Gomes y de la que participaron cientos de tiendas virtuales y portales de diferentes partes del mundo. Desde la misma no se ha repetido una acción semejante de la que libremente participara el sector privado apoyando actividades para detener el Calentamiento Global.

PORTALS AND HUMAN UNION FOR STOP THE GLOBAL WARMING

viernes, 29 de diciembre de 2006, 01:44 pm
De:

"governor@govmail.ca.gov" <governor@govmail.ca.gov>

Thank you for your comments regarding greenhouse gas (GHG) emissions. Global warming and the burning of fossil fuels are threats to California and the world. We know the science, we see the threat and the time for action is now.

As Governor, I am committed to leading by example to protect California's environment for future generations. The budget I signed for 2006-07 provides $30.4 million for climate change initiatives. The funding will help our state meet ambitious goals I set in 2005 to reduce GHG emissions to 2000 levels by 2010, 1990 levels by 2020 and 80 percent below 1990 levels by 2050.

My directive establishes California as a leader in the fight against global warming and sets an ambitious precedent for the federal government and other states to follow. It also charges the California Environmental Protection Agency with developing and implementing the strategies to achieve the emissions reductions. These targets will help protect California's water supply, air and coastline from the threat of a changing climate and reward businesses that invest in efficiency-enhancing technologies.

In July, I met with British Prime Minister Tony Blair to discuss the immediate need to reduce greenhouse gas emissions and mitigate the adverse consequences of climate change. We signed a historic agreement to become partners and act aggressively to address climate change and promote energy diversity.

I also expect the state government to do its part in reducing GHG emissions. My Green Building Initiative calls for the state to increase its energy efficiency by 20 percent by 2015, which will save $100 million in energy costs each year.

My work to protect the environment also includes the 25 million acre Sierra Nevada Conservancy, opening the path to a hydrogen highway and establishing the first Ocean Protection Act in the nation. My Breathe Easier Campaign seeks to remove the worst polluting vehicles from California roads, and my Flex Your Power at the Pump program helps motorists use gasoline more efficiently.

Again, thank you for your interest in global warming and for sending me your letter. By working together, we can meet the needs of our economy and our environment, as well as make this Earth a place of beauty and opportunity for all generations.

Sincerely,
Arnold Schwarzenegger

REFERENCIAS BIBLIOGRÁFICAS

Brown, Bruce C. (2009). The Complete Guide to Affiliate Marketing on the Web: How to Use and Profit from Affiliate

Marketing Programs. Ocala, FL: Atlantic Publishing Company. p. 17. ISBN 9781601381255.

Ulaner, Kevin (2017). Affiliate Marketing: The Beginner's Step by Step Guide to Making Money Online with Affiliate Marketing. CreateSpace. pp. 5–6. ASIN B01MU0P6EH.

Magnuson, Alain (2018). Affiliate Marketing: How to Create Your $100,000+ a Year Online Business. Reykjavik, Iceland: Hafsteinn Þórðarson. p. 6. ASIN B07CJX9GVH.

Singh, Surabhi (2017). "Affiliate Marketing and Customer Satisfaction". In Singh, Surabhi (ed.). Driving Traffic and Customer Activity Through Affiliate Marketing. Hershey, PA: Business Science Reference (imprint of IGI Global). p. 2. ISBN 9781522526575. OCLC 982088904.

Goldschmidt, Simon; Junghagen, Sven; Harris, Uri (2003). Strategic Affiliate Marketing. Cheltenham, UK: Edward Elgar. p. 43. ISBN 1843763907. OCLC 248974143.

Prussakov, Evgenii (2007). "A Practical Guide to Affiliate Marketing" (pp.16-17), 2007. ISBN 0-9791927-0-6.

Shashank SHEKHAR (2009-06-29). "Online Marketing System: Affiliate marketing". Feed Money.com.

Collins, Shawn (2000-11-10). History of Affiliate Marketing. ClickZ Network, 10 November 2000.

Olim, Jason; Olim, Matthew; and Kent, Peter (1999-01). "The CDNOW Story: Rags to Riches on the Internet", Top Floor Publishing, January 1999. ISBN 0-9661032-6-2.

"What is the Amazon Associates program?". https://affiliate-program.amazon.com/: amazon associates.

Frank Fiore and Shawn Collins, "Successful Affiliate Marketing for Merchants", from pages 12, 13 and 14. QUE Publishing, April 2001 ISBN 0-7897-2525-8

Gray, Daniel (1999-11-30). "The Complete Guide to Associate and Affiliate Programs on the Net". McGraw-Hill Trade, 30 November 1999. ISBN 0-07-135310-0.

October 2006, Affiliate Marketing Networks Buyer's Guide (2006), Page 6, e-Consultancy.com, retrieved June 25, 2007

Anne Holland, publisher (January 11, 2006), Affiliate Summit 2006 Wrap-Up Report -- Commissions to Reach $6.5 Billion in 2006, MarketingSherpa, retrieved on May 17, 2007

"Internet Statistics Compendium 2007". e-Consultancy. February 2007. Archived from the original on 2005-03-10. Retrieved 2007-06-25.

Dion, Hinchcliffe. "Web 2.0's Real Secret Sauce: Network Effects". Retrieved 10 January 2012.

Dion, Hinchcliffe. "Social Media Goes Mainstream". Retrieved 10 January 2012.

Colascione, John (2012). Mastering Your Website: Insider's Guide to Fully Understanding Your Website, Search Engine Optimization and Building Your Brand Online. New York: Searchen Networks Inc. p. 108. ISBN 1475155662.

CellarStone Inc. (2006), Sales Commission, QCommission.com, retrieved June 25, 2007

Tom Taulli (9 November 2005), Creating A Virtual Sales Force, Forbes.com Business. Retrieved 14 May 2007.

Danny Sullivan (June 27, 2006), The Daily SearchCast News from June 27, 2006 Archived August 22, 2006, at the Wayback Machine, WebmasterRadio.fm, retrieved May 17, 2007

Wayne Porter (September 6, 2006), NEW FIRST: LinkShare-Lands' End Versus The Affiliate on Typosquatting Archived 2006-10-17 at the Wayback Machine, ReveNews, retrieved on May 17, 2007

Jennifer D. Meacham (July/August 2006), Going Out Is In, Revenue Magazine, published by Montgomery Research Inc,

Marios Alexandrou (February 4th, 2007), CPM vs. CPC vs. CPA Archived 2007-11-14 at the Wayback Machine, All Things SEM, retrieved November 11, 2007

Ryan Singel (October 2, 2005), Shady Web of Affiliate Marketing, Wired.com, retrieved May 17, 2007

Roger A. Grimes (2016-07-26). "3 ways websites get pwned -- and threaten you". CSO from IDG. Retrieved 2017-11-28.

Jim Hedger (September 6, 2006), Being a Bigdaddy Jagger Meister Archived 2007-12-23 at the Wayback Machine, WebProNews.com, retrieved on December 16, 2007

Spam Recognition Guide for Raters Archived 2007-07-03 at the Wayback Machine (Word document) supposedly leaked out from Google in 2005. The authenticity of the document was neither acknowledged nor challenged by Google.

December 10, 2002, Online Marketing Service Providers Announce Web Publisher Code of Conduct (contains original CoC text), CJ.com, retrieved June 26, 2007

December 12, 2002, LinkShare's Anti-Predatory Advertising Addendum, LinkShare.com, retrieved June 26, 2007

ShareASale Affiliate Service Agreement, ShareASale.com, retrieved June 26, 2007

April 20, 2007, AdWare Class Action Lawsuit against - ValueClick, Commission Junction and beFree, Law Firms of Nassiri & Jung LLP and Hagens Berman, retrieved from CJClassAction.com on June 26, 2007

Rosso, Mark; Jansen, Bernard (Jim) (August 2010). "Brand Names as Keywords in Sponsored Search Advertising". Communications of the Association for Information Systems. 27 (1): 81–98

FTC Publishes Final Guides Governing Endorsements, Testimonials. Ftc.gov (2013-06-27). Retrieved on 2013-09-19.

Alexandra Wharton (March/April 2007), Learning Outside the Box, Revenue Magazine, Issue: March/April 2007, Page 58, link to online version retrieved June 26, 2007

Shawn Collins (June 9, 2007), Affiliate Millions - Book Report, AffiliateTip Blog, retrieved June 26, 2007

March/April 2007, How Do Companies Train Affiliate Managers? Archived 2007-09-29 at the Wayback Machine (Web Extra), RevenueToday.com, retrieved June 26, 2007

Vinny Lingham (11.October, 2005), Profit Sharing - The Performance Marketing Model of the Future Archived 2006-11-19 at the Wayback Machine,Vinny Lingham's Blog, retrieved on 14.May, 2007

Linda Rosencrance, 15 April 2008, N.Y. to tax goods bought on Amazon Archived 2008-12-17 at the Wayback Machine, Computerworld, retrieved on 16 April 2008

IAB, Friday, 27 March 2009 IAB affiliate council strengthens voucher code guidelines Archived January 7, 2010, at the Wayback Machine

Roberto Gomes

Yogui Mettàtron

Arquitecto / Periodista / Escritor / Máster en Yoga,

Acupuntura, Osteopatía, Yoga Terapéutico y Mindfulness

Creador del NeuroYoga. Desarrollador del Programa FlashBrain para el incremento intelectual y de la técnica de Meditación Sináptica. Impulsor y líder de la iniciativa por el 2% del PIB mundial, en forma anual, para dar solución definitiva al triple flagelo del hambre, superpoblación y calentamiento global.

Nació en Argentina, en 1956. Tuvo su primer trance espiritual a los 16 años de edad. A los 17, se le apareció la Virgen y le preguntó - ¿**Por qué no crees en Mí?**- Poco después, la Madre Cósmica, le fue despertando distintos estados de elevados samadhis y tuvo experiencias espirituales muy semejantes a las de Paramahansa Ramakrishna. A los 19 años, se hizo discípulo de Yogananda y en meditación, redescubrió la ancestral técnica del Kriya. Estudió MT con el Maharishi y Zazen con el maestro Bustamante.

Afirma yogui que "mis experiencias con Dios son el derivado de un contacto con la esencia de mi propio Ser espiritual, dado que el alma y Dios comparten el mismo sustrato de existencia. Son un paso trascendente en el conocimiento de uno mismo. El fenómeno se encuentra por dentro del campo mental y es su reflejo".

Posteriormente, completó su formación como diseñador gráfico, periodista, martillero y corredor público, marinero pescador, arquitecto, diseñador y programador web, escritor, máster en yoga y creador del **NeuroYoga.**

El día 02/02/04, luego de un prolongado período de meditación con la técnica Vipassana, alcanzó la cesación mental.

Diseñó el sistema **Sophia,** de Sinergia Cerebral, mediante el cual es posible rediseñar el cerebro estimulando la neuroplasticidad e incrementar el coeficiente intelectual. Sintetizó la técnica de **Meditación Sináptica,** mediante la cual se descarga el estrés acumulado, se previenen las enfermedades y aumenta la memoria, la atención y la inteligencia, permitiendo el funcionamiento del **Supercerebro.**

Su objetivo, es occidentalizar el conocimiento espiritual milenario de oriente sin perder la esencia de su núcleo, ampliando y renovando la investigación. Simplificar la meditación, poniéndola al alcance de todos y sentando las bases para su introducción curricular en los sistemas educativos mundiales.

El otro foco, es unir acciones para frenar el Calentamiento-Inundación Global, mientras aún hay tiempo para aplicar medidas preventivas y correctivas al cuadro de situación presentado por los gases de efecto invernadero. Al mismo tiempo expandir compasión para atender el flagelo del hambre, que castiga a más de mil millones y educar para detener a la superpoblación.

"Mi misión: servir a la humanidad"

Yogui Mettàtron es occidental y cristiano. Logró en su vida con éxito dos carreras: una como periodista, llegando a jefe de redacción de un diario y la otra como un yogui practicante. Su trabajo se centró siempre en servir a los demás. Para él servir es "la expresión más alta del Amor". A través de las enseñanzas del Vedanta fue descubriendo gradualmente cuál era la auténtica meta de la vida. El día 02/02/04, luego de un prolongado período de meditación con la técnica Vipassana, alcanzó la cesación mental, cuando la conciencia se funde con lo Absoluto. Deseaba ayudar a la gente tanto a nivel físico, mental como espiritual. Fue así como creó el sistema del Neuroyoga, un yoga de la síntesis que crea la base de la práctica moderna del yoga en occidente.

El mayor tesoro es el conocimiento

Escribir se convirtió en la nueva misión de Por lo que pudo aportar a la gente una ayuda más duradera. Su meta es difundir el conocimiento espiritual tanto como le sea posible. Para él el conocimiento es el mayor de todos los regalos. Las palabras que escuchamos pronto se olvidan; sólo la palabra escrita perdura.

Neuroyoga Holístico

Enseña el Neuroyoga desde un punto de vista holístico: el Neuroyoga nos enseña a fortalecer y armonizar el cuerpo, la mente y el alma, para que podamos alcanzar la meta: un cuerpo sano, una mente equilibrada y la paz interior. El Neuroyoga ayuda a eliminar los obstáculos interiores y nos da fortaleza para mantenernos ecuánimes, calmados y conectados cuando nos enfrentamos a los retos diarios de la vida moderna.

Yogi.mettatron@gmail.com